Die Deutsche Bibliothek – CIP-Einheitsaufnahme

Der Star im Apfelbaum / Edith Bergner. Mit Ill. von Ingeborg Meyer-Rey. –
Berlin : Kinderbuch-Verl., 2000
(Kibu-Bilderbuch)
ISBN 3-358-02233-1

Kibu® Bilderbuch

© Copyright 2000 Middelhauve Verlags GmbH, D-81675 München,
für Der Kinderbuch Verlag Berlin, D-10711 Berlin
Alle Rechte vorbehalten,
auch die des auszugsweisen Abdrucks,
gleich welcher Medien

Printed in Germany

ISBN 3-358-02233-1

Edith Bergner

Der Star im Apfelbaum

Mit Bildern von
Ingeborg Meyer-Rey

Der Kinderbuch Verlag Berlin

Es war ein nieseliger Tag im März, feucht und trübe. Doch im Rasen blühten schon die Gänseblumen.

Der Großvater spazierte mit Babett durch den Garten und sagte zum Nachbarn hinterm Gartenzaun: „Bald ist der Frühling da." Der Nachbar antwortete verdrießlich: „Hatschi!" Er hatte kalte Füße und den Schnupfen dazu. Weiß der Kuckuck, wo der Frühling in diesem Jahr so lange steckte! Doch der Kuckuck konnte es auch nicht wissen, er kam erst im April.
Da flog ein Star auf den Gartenzaun und flötete: „Züp, züp, zie-züp, züp, zie, ich habe eine Nachricht für Sie! Der Frühling schläft im Apfelbaum."
„Was du nicht sagst!", antwortete der Großvater.
Und gleich kam es ihm so vor, als sei der Tag schon weniger trübe.
Dem Nachbarn fiel ein Regentropfen auf die Nase. Da grollte er, der Frühling käme in diesem Jahr überhaupt nicht mehr.

Der Apfelbaum aber stand vor Babetts Fenster. Am nächsten Morgen, als Babett die Fensterläden öffnete, am Mittag, als Babett aus der Schule kam, selbst noch am Abend, immer saß da der Star vor ihrem Fenster und flötete und schnerrte und schwätzte vom schlafenden Frühling im Apfelbaum.

„Züp, züp, zie-züp, züp, zie …" Er schwätzte von morgens bis abends das Gleiche. Doch der Frühling schlief und schlief und wollte nicht aufwachen.

Nachdem genau sieben Tage und sieben Stunden vergangen waren, wurde Babett ungeduldig und fragte: „Kannst du nicht einmal etwas anderes singen? Vielleicht wacht der Frühling dann eher auf."

Der Star erschrak. Er hatte von jeher mit seinem Lied den Frühling verkündet. Und keinem Vogel, der auf sich hält, fällt es ein, sein Lied zu wechseln wie ein Federkleid, sei es im Winter in Afrika oder im März bei uns auf dem Apfelbaum.

„Versuch's doch mal", bat Babett. Und weil sie so inständig bat und weil der Star es nicht übers Herz brachte, Babett die Bitte abzuschlagen, flog er schließlich davon, um sich nach einem anderen Lied umzuhören.

Er flog über Wiese und Wald.

Unterwegs erinnerte er sich der Wildente am See. Sie war eine seiner Reisebekanntschaften; er hatte sie im Flug über Kairo kennen gelernt.

Um die Mittagszeit erreichte er den See. Die Wildente ruhte im Schilf. Alles war still. Kein Laut, kein Lied rundum.

Der Star hüpfte durchs Ried, schwang sich auf ein Schilfrohr dicht vor dem Nest der Wildente und schwätzte sogleich munter drauflos: „Züp, züp, zie-züp, züp, zie, ich habe eine Nachricht für Sie! Der Frühling schläft im Apfelbaum. Züp, züp, witt, witt, wir wollen ihn wecken. Kommen Sie mit?"

Die Wildente hob erfreut den Kopf und lauschte. Vermutlich hatte sie eben selbst grad vom Frühling geträumt. Es sah jedenfalls ganz so aus, als sei sie bereit, die Einladung anzunehmen. Sie öffnete schon den Schnabel.

Da plötzlich flüsterte – ganz unerwartet – jemand zu ihren Füßen: „Sü, sü, es ist noch zu früh."

Auf einem Binsenstängel wiegte sich die zierlichste der Libellen, die „verlobte Seejungfer"; genauer gesagt: Sie war noch gar keine Libelle. Als der Star zu ihr hinunteräugte, sah er nichts als eine kleine braune Larve. Sü, sü, für sie war es tatsächlich noch zu früh.

Da zögerte auch die Wildente. Bedauernd hob sie die Flügel und gakte: „Waak, waak. Wir warten bis zum Donnerstag."
Und dabei blieb sie.

Der Star flog ein Stück abseits ins Schilf, wo niemand ihn beobachten konnte, und versuchte heimlich, die Lieder zu proben, die er gehört hatte:

„Sü, sü, es ist noch zu früh.

Waak, waak. Wir warten bis zum Donnerstag."

Nach dem dritten Versuch entdeckte der Star etwas, was er bis dahin nicht gewusst hatte: Er konnte fremde Lieder nachahmen. Vermutlich hatte er das von seinem Großvater geerbt und der Großvater wiederum von seinem Urgroßvater und so fort.

Babett stand schon am offenen Fenster, als der Star sich in der Abendstunde auf dem Apfelbaum niederließ und sogleich mit seinem Vortrag begann. Die Lieder klangen fast genauso, als sängen Wildente und Seejungfer selbst vor Babetts Fenster. Babett lachte, und der Star plusterte vor Vergnügen sein Gefieder.

Kaum graute der nächste Morgen, schon flog der Star wieder davon, um sich nach einem neuen Lied für Babett umzusehen. Diesmal führte ihn sein Flug in den nahen Wald zum Uhu im Eulengrund. Der Uhu hockte in einer Baumhöhle. Seine gelben Augen leuchteten. Er knackte grimmig mit dem Schnabel, als ihm der Star keck und munter vom Frühling sang.
„Bu-hu, lass mich in Ruh!", fauchte der Uhu.
Schauerlich hallte sein Kreischen wider im Eulengrund.
„Bu-hu, lass mich in Ruh!", heulte der Star bald darauf im Apfelbaum vor Babetts Fenster. Der Nachbar hinterm Gartenzaun glaubte tatsächlich den Uhu zu hören und behauptete, es sei ein schlimmes Zeichen, wenn sich ein Nachtvogel am hellen Tag in die Gärten wage.

Babett aber lachte, und der Star freute sich, weil Babett sich freute.

Den größten Spaß hatte Babett, als der Star mit dem Lied der Lachtaube heimkehrte.

Er war ihr auf einem Wickenfeld begegnet. Ihr Lied hatte die Kunst des Stars auf eine harte Probe gestellt; es war das schwierigste, das er je gehört hatte. Die Lachtaube kam nämlich aus einer Gegend Afrikas, in der man nur französisch singt.

„Gri, gri, ci, ci, chéri!", hatte sie girrend gekichert. Das heißt so viel wie: Aber ja, aber gern, mein Lieber! Dazu hatte sie bereitwillig mit ihren roten Äuglein gezwinkert. Es war dem Star nicht schwer gefallen, sie zu verstehen, obwohl er selbst nicht französisch sprach.

Den größten Spaß also hatte Babett an dem Lied der Lachtaube. Der Star aber, als er das Lied gesungen hatte, hockte auf seinem Ast und ließ die Flügel hängen. Er wusste selbst nicht, warum. Vielleicht gefiel es ihm nicht mehr, immer nur fremde Lieder für Babett zu singen; vielleicht hatte er auf einmal Sehnsucht nach seinem eigenen Lied.

Babett erschrak, als sie sah, wie traurig er war. Sie musste daran denken, wie munter er sein Lied gezwitschert hatte, als er zum ersten Mal vor ihrem Fenster saß. Je länger sie daran dachte, umso mehr wünschte auch sie sich sein Lied zurück.

„Sing wieder so, wie du immer gesungen hast", sagte sie, „dein eigenes Lied war das schönste."

Der Star hob den Kopf, er öffnete den Schnabel. Dann flüsterte er zaghaft: „Sü, sü ..."

„Aber nein", antwortete Babett, „das ist das Lied der Libelle."

Der Star überlegte einen Augenblick.

„Waak, waak ..."

„Aber nein", antwortete Babett wiederum, „das ist das Lied der Wildente."

„Bu-hu ...", schluchzte der Star. Babett wurde ungeduldig.

„Das ist doch das Lied des Uhus!"

Da blieb nur noch ein Letztes: „Gri, gri ..."

Aber das war ja das Lied der Lachtaube.

Der Star schwieg. Er schwieg und hörte tief in sich hinein, ob er nicht wenigstens einen Rest von seinem eigenen Lied vernähme, und hörte – nichts. Kein „Züp-züp", kein „Witt-witt", nicht das leiseste. Niemand würde mehr erfahren, dass der Frühling im Apfelbaum schlief. Der Frühling würde schlafen, schlafen. Natürlich würde er schließlich aufwachen. Aber ohne das Lied des Stars – sagt selbst –, was wäre das für ein Frühling! Die Leute würden stehen und lauschen und traurig weitergehen.

Babett aber war schuld daran. Sie hatte den Star nach fremden Liedern ausgeschickt, nun hatte er sein eigenes Lied vergessen. Still war es im Apfelbaum. Der Star hockte eine Weile noch auf seinem Ast; dann hatte er einen Einfall, einen einzigen, letzten. Er flog in Nachbars Garten und suchte die Starin. Vielleicht wusste sie einen Rat.

Babett aber lief über die Wiese, durch den Wald. Sie lief zur Wildente am See. Sie lief zur Seejungfer im Schilf, zum Uhu im Eulengrund und zur Lachtaube auf dem Wickenfeld.

„Helft", bat Babett, „dass der Star sein Lied wieder findet."
Die Wildente und die Seejungfer, der Uhu und die Lachtaube sahen Babett ratlos an. Sie wussten wohl, wie man in Baumhöhlen nistet und gründelnd im Sumpf nach Würmern sucht. Doch wie man ein verlorenes Lied wieder findet, wussten sie nicht.

Babett lief zum Großvater.

Er hatte eben auf den Beeten im Garten die ersten Radieschen gesät. Bei den Radieschenbeeten gestand Babett, was geschehen war. Der Großvater setzte sich auf die Gartenbank, zündete seine Pfeife an und dachte lange nach.
Plötzlich hörte Babett ein leises Lachen. Es musste ein heiterer Gedanke sein, den der Großvater gedacht hatte. Er lief zum Schuppen am Ende des Gartens.
Als er wieder herauskam, trug er in der einen Hand eine Leiter und in der anderen Hand einen Starkasten, den hängte er mitten in den Apfelbaum.

Kaum hatte er das getan, da rischelte, raschelte es in der Fliederhecke. Da kam eine Starin dahergeflogen und ließ sich auf dem Apfelbaum nieder. Sie hüpfte von Ast zu Ast, nickte mit dem Kopf, schlug mit den Flügeln, wippte mit dem Schwanz und badete sich in einem Meer voll Fröhlichkeit. Das Meer voll Fröhlichkeit reichte bis zum Gartenzaun hin, auf dem der Star saß. Er schwippte – und flog hin zur Starin in den Apfelbaum.

Nun schwippten sie beide, schnäbelten miteinander, huschten in den Starkasten, und dort – fand der Star wieder, was er aus seinen Gedanken verloren hatte: das Lied vom Frühling im Apfelbaum. Auf den höchsten Ast des Apfelbaums flogen Star und Starin. Sie zwitscherten und schwätzten:

„Züp, züp, zie-züp, züp, zie! Wir haben eine Nachricht für Sie ..."

Niemand aber war so vergnügt wie Babett. Sie saß neben dem Großvater auf der Gartenbank und baumelte mit den Beinen. Plötzlich setzte sich ein Sonnenstrahl neben sie; und über die Radieschenbeete flog der erste Schmetterling.

Jetzt, in diesem Augenblick, war der Frühling aufgewacht!

Bald würde der Apfelbaum blühen. Im Starkasten würden die Jungen zwitschern. Und der Nachbar hinterm Gartenzaun würde endlich seinen Schnupfen verlieren.

Der Frühling lief nun durch das ganze Land. Er schwamm mit der Wildente im See – waak, waak, es war gerade Donnerstag. Er wiegte sich mit der verlobten Seejungfer im Ried – sü, sü, sie fand es nicht mehr zu früh. Er jagte durch den dunklen Eulengrund und spielte mit der Lachtaube im Wickenfeld. Überall, wohin er kam, tönte es:

„Sü, sü, waak, waak, bu-hu, gri, gri!" Das gab einen vielstimmigen Chor.

„Züp, züp, witt, witt!" Und alle sangen mit.